DZIDZA SHONA

Learn Shona

Table of Contents

CHIKAMU CHEKUTANGA DURA MAZWI page 5…..122

CHIKAMU CHECHIPIRI SHONA VOWELS page123……126

CHIKAMU CHECHITATU MITSARA YECHISHONA page127-132

Chikamu chekutanga
Dzidza mazwi (Duramazwi)

Mukadzi
Woman
Amai

Murume
Man

GOMO Mountain

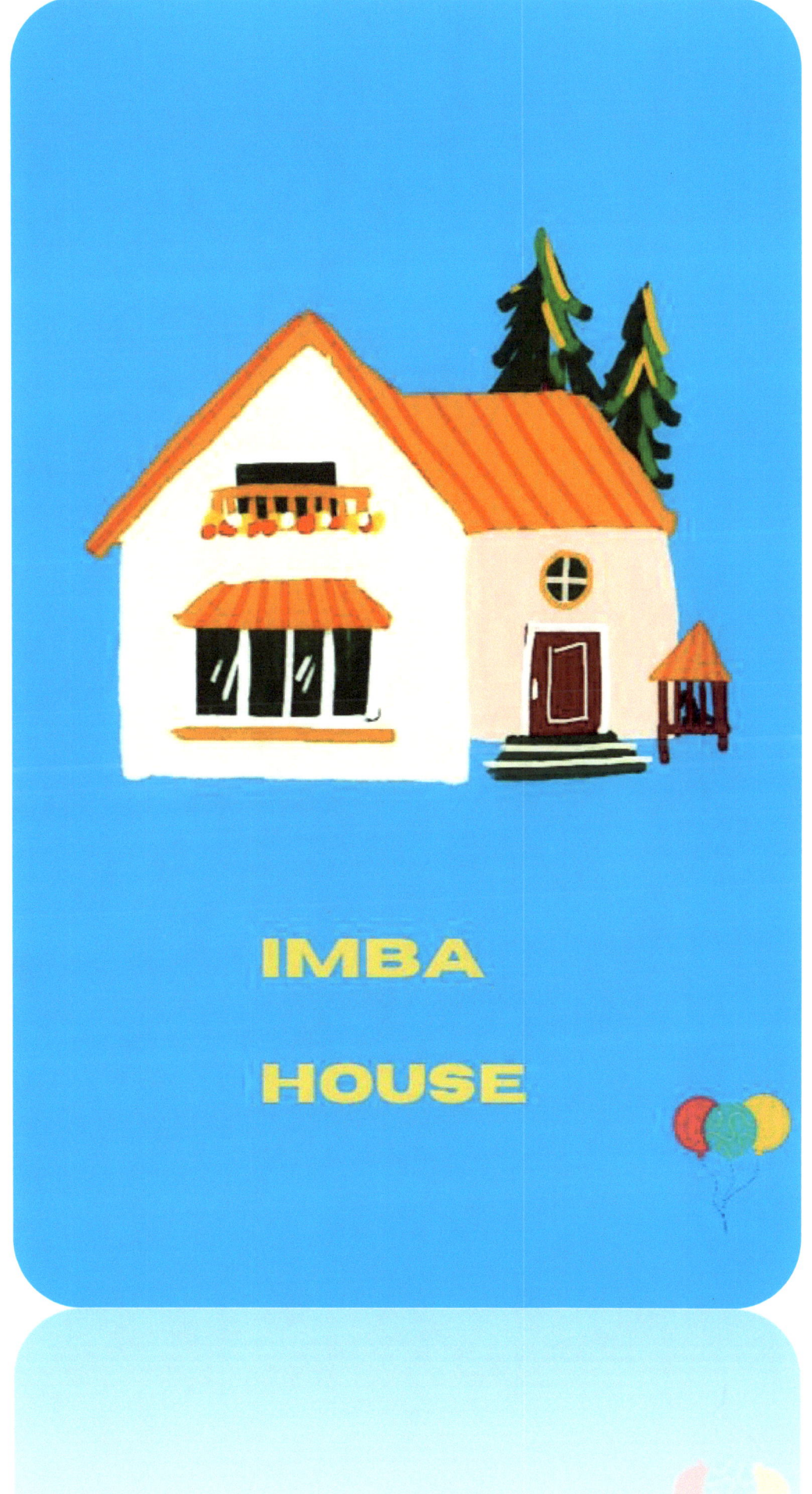

IMBA

HOUSE

**Mazino
Teeth
Sekerera
Smile**

Varume

Men

Vakadzi
Women

Mhuri
Family

Taura

Talk

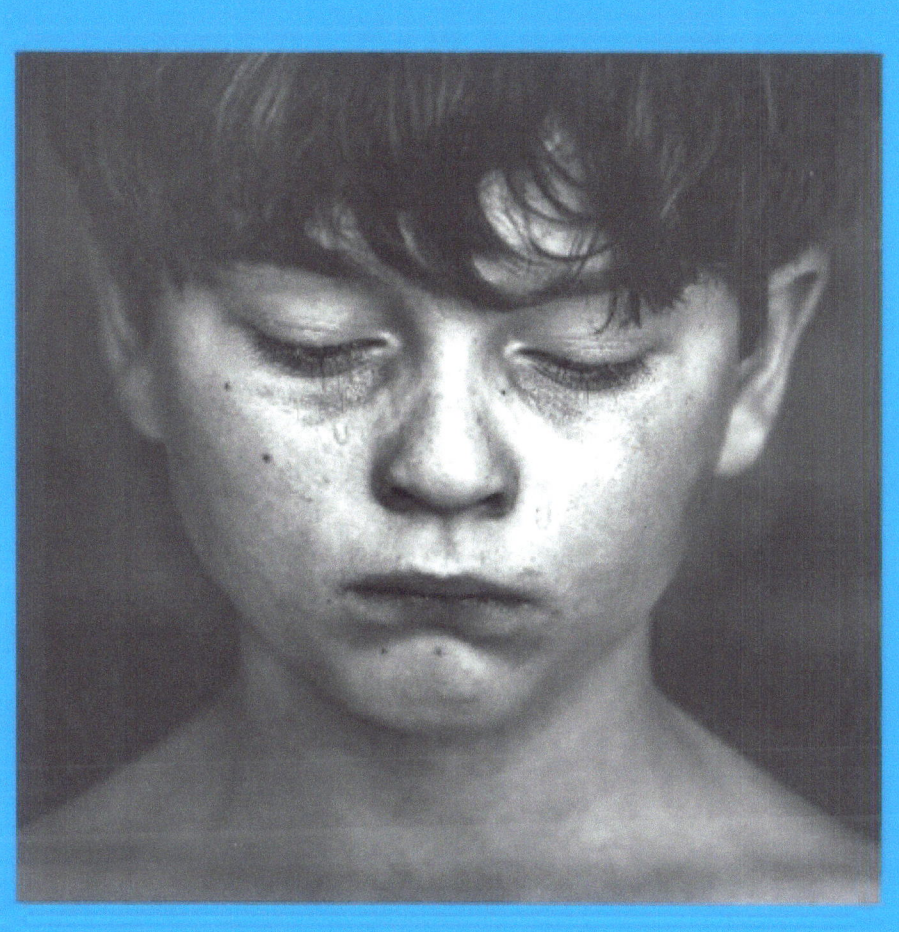

Kutsamwa
Sad

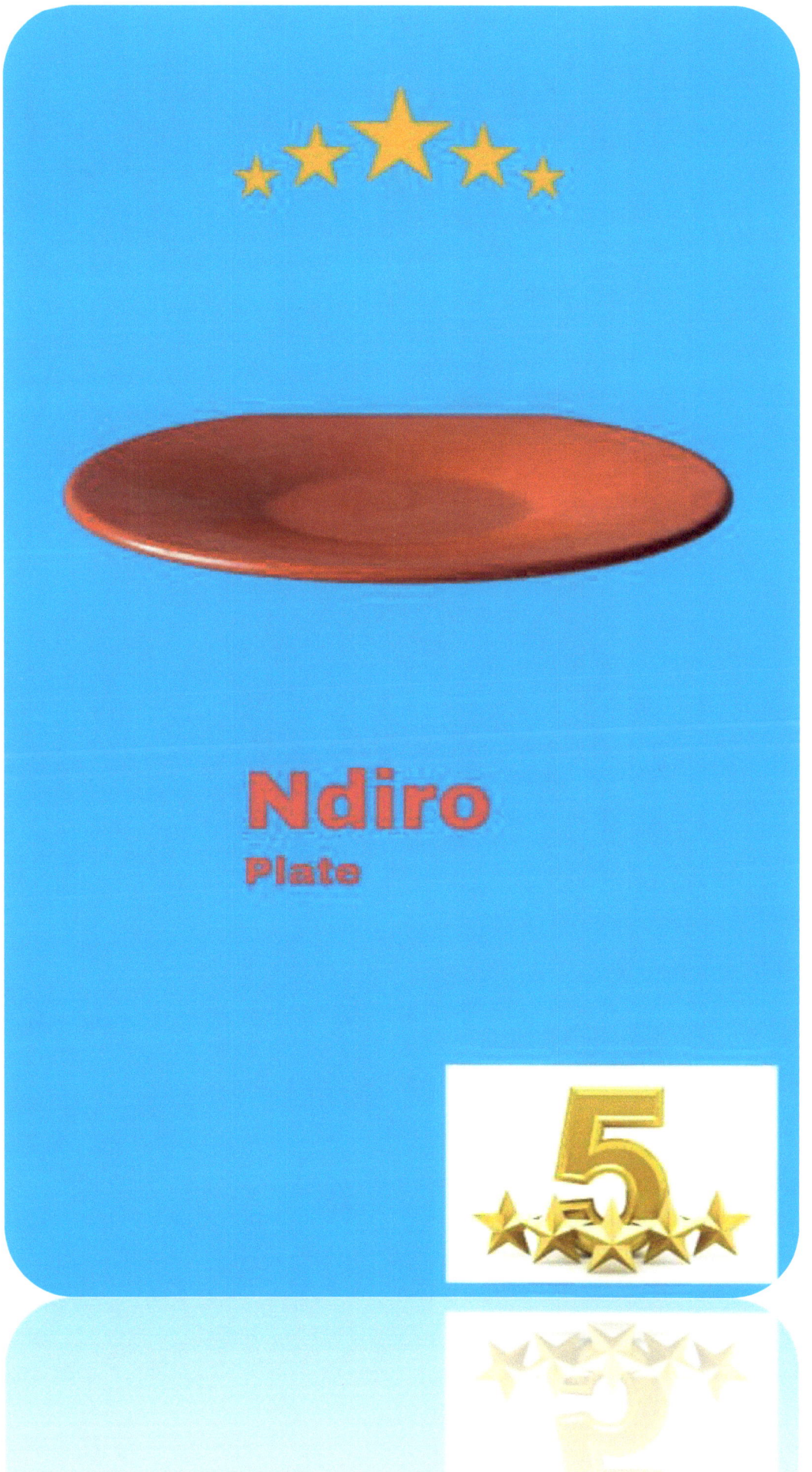

Ndiro
Plate

Mhuri
Family

chigaro
Chair

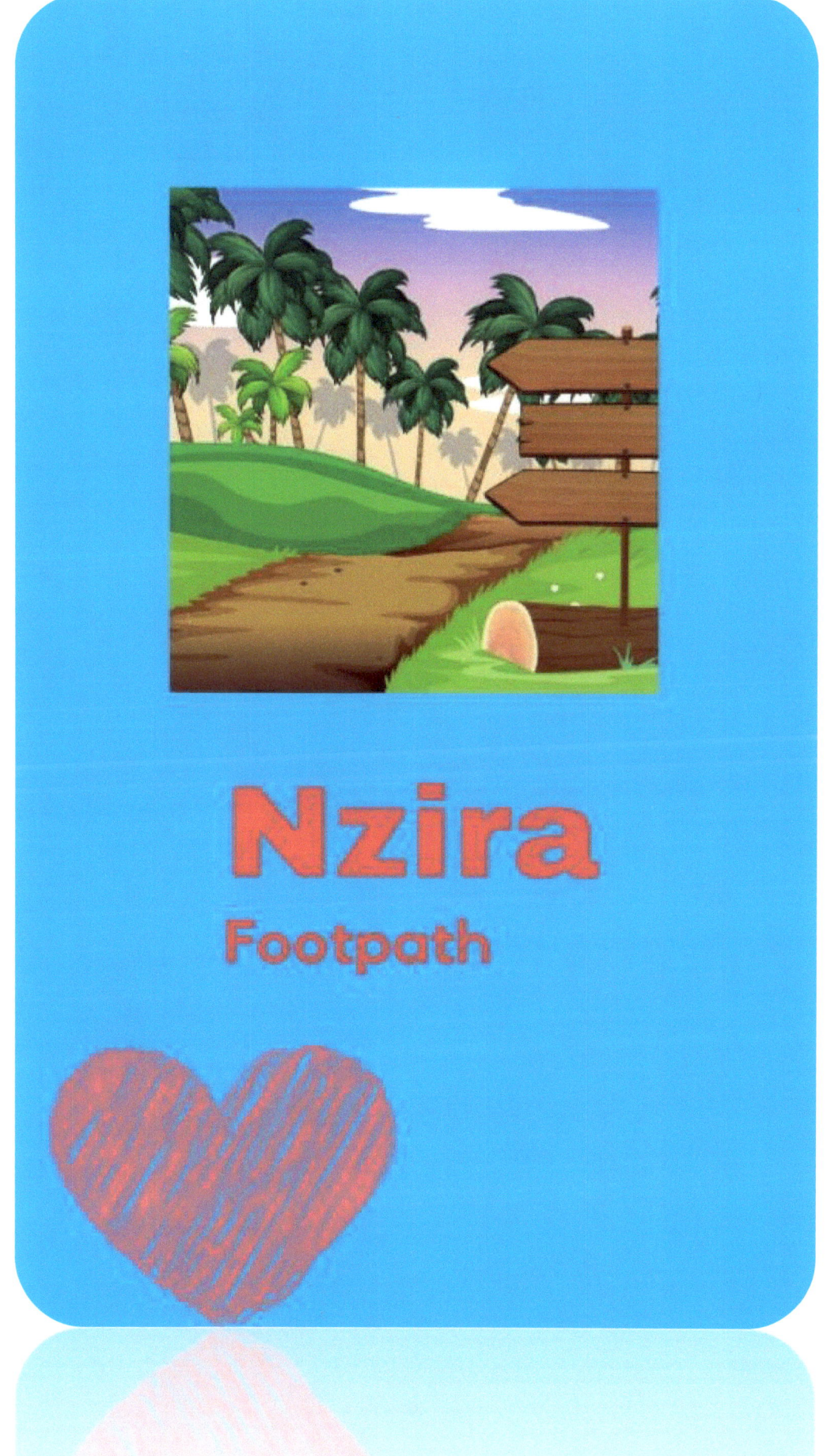

Matombo
Stones

Sango

Bush

Dombo
Stone

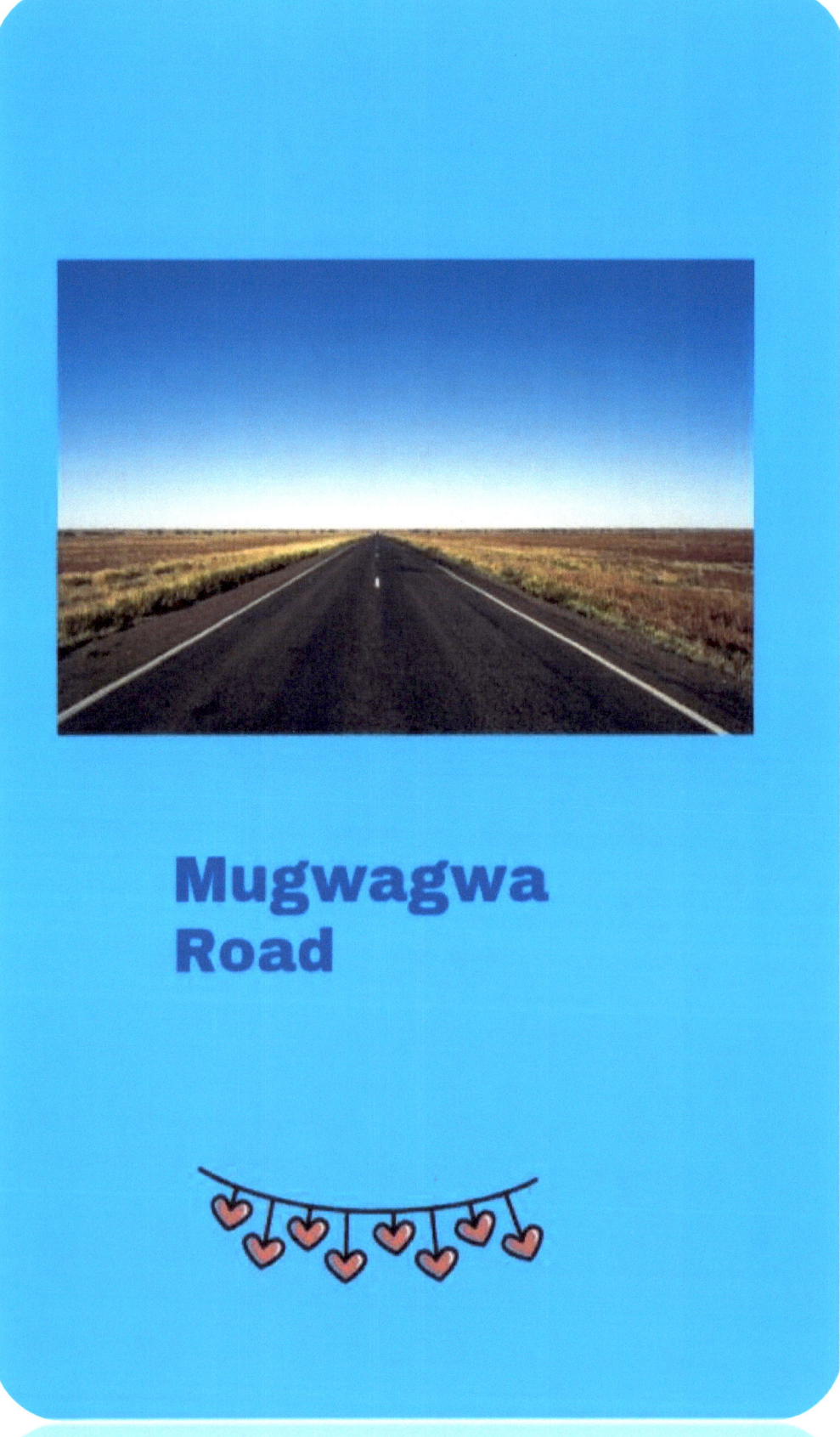

Mufaro
Happiness

Kutamba
Play
Tamba
Play

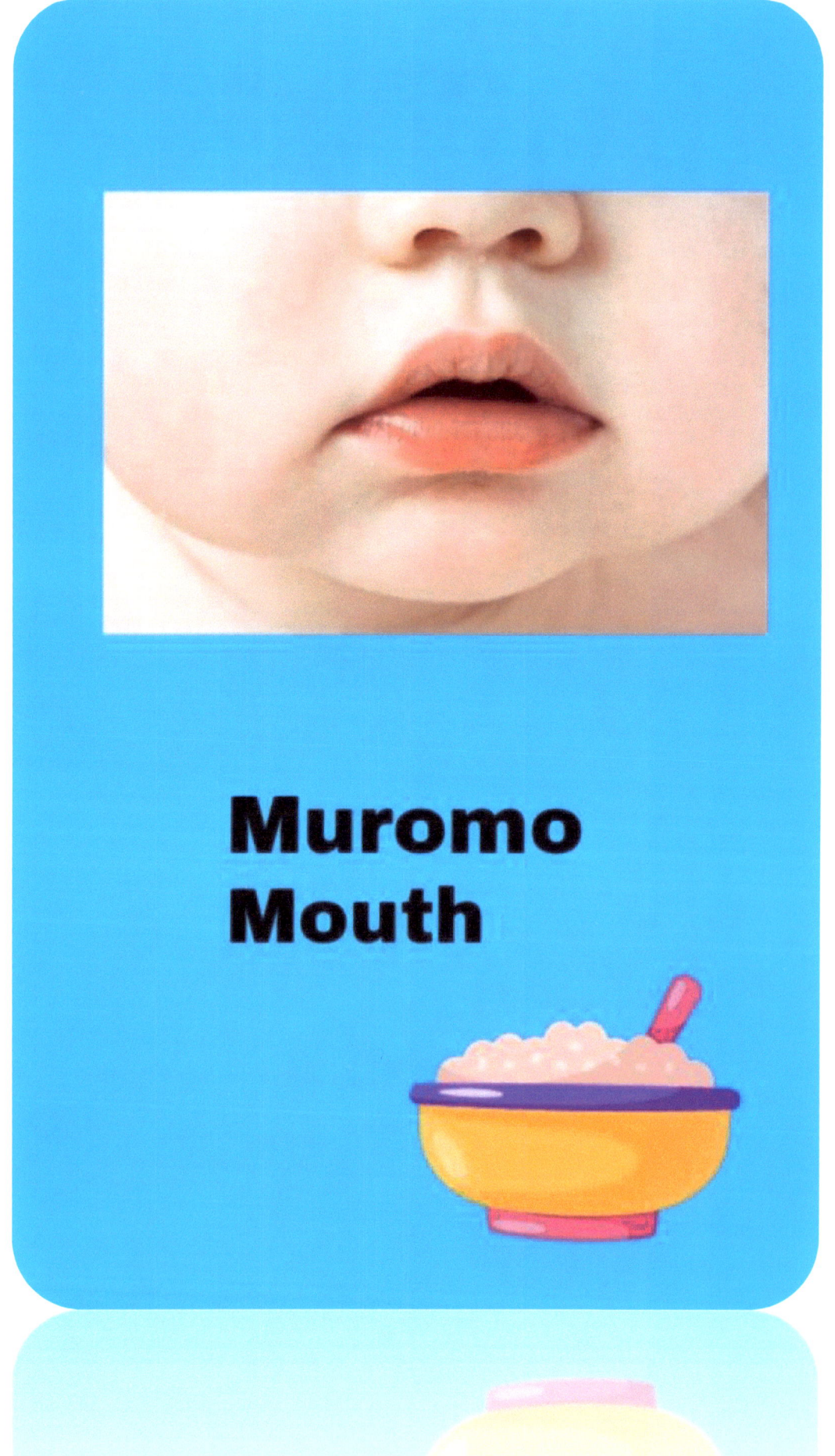

**Muromo
Mouth**

Rupasa Rukukwe
Reed Mat

**Gumbeze
Gudza
Blanket**

Chuma Beads

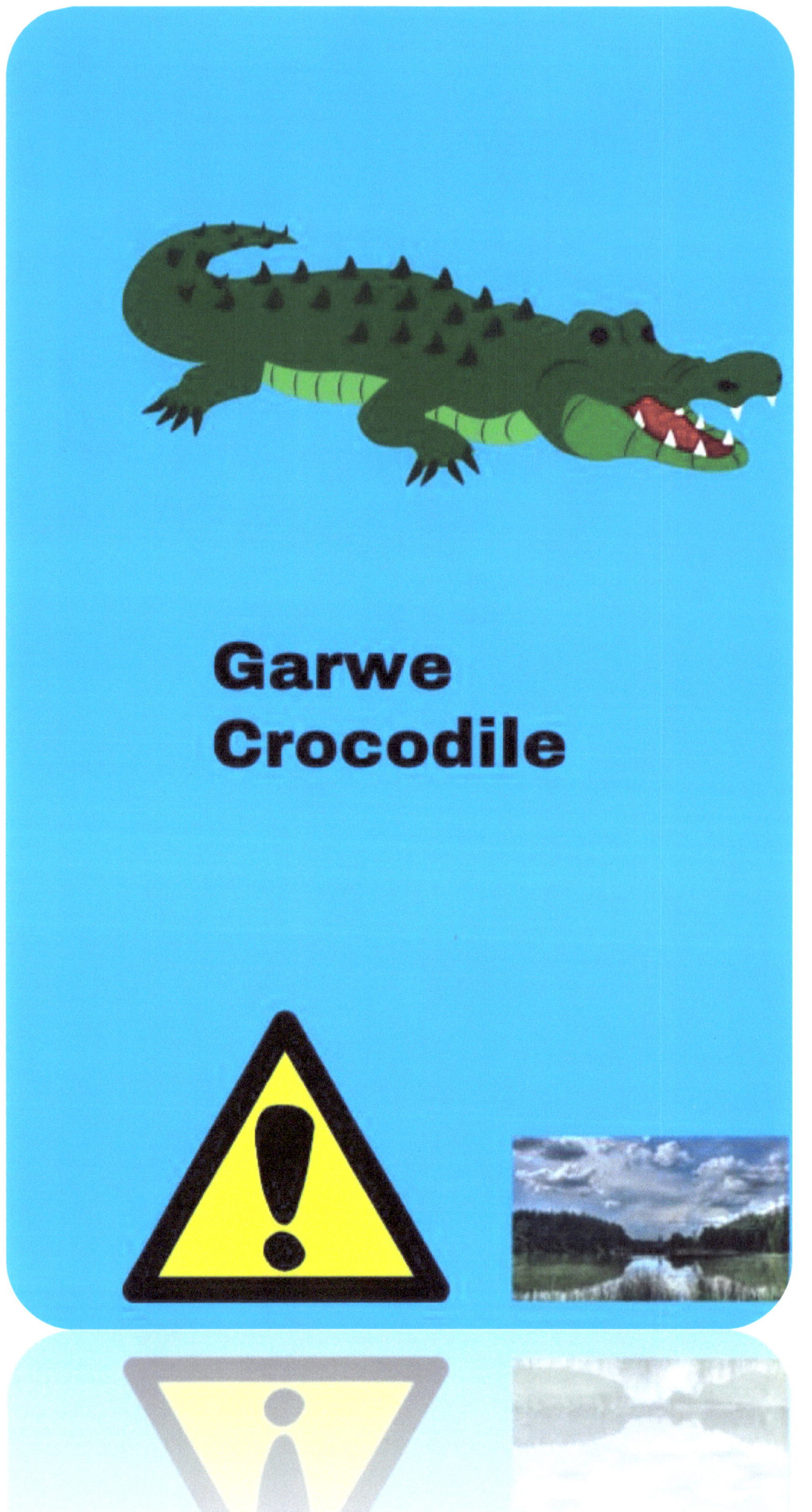

Garwe
Crocodile

Tamba kurwiyo
Dance to the music
Tamba
Dance

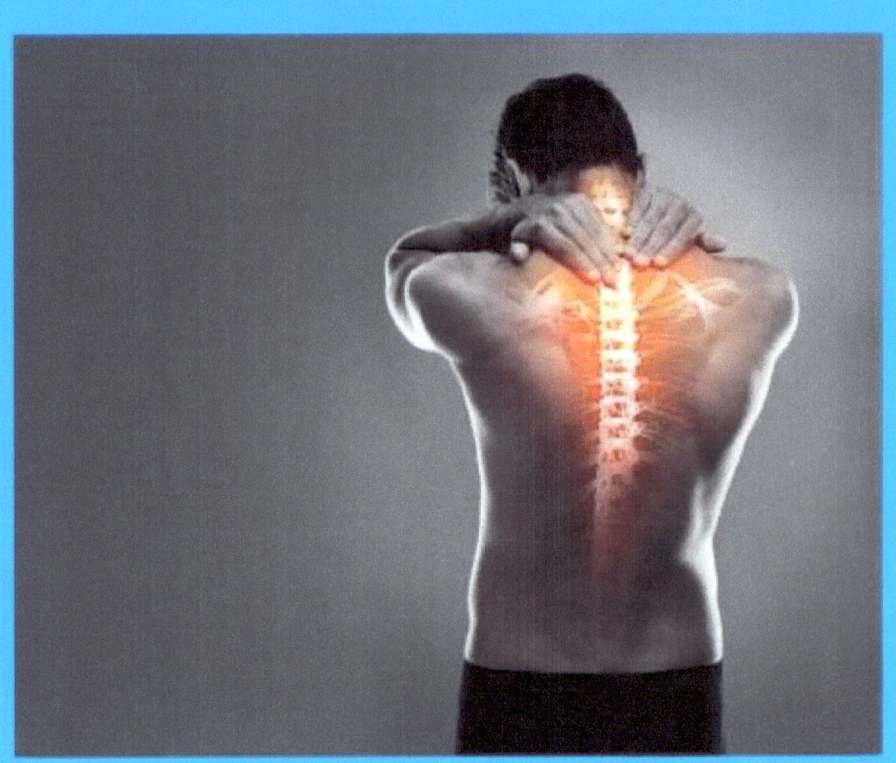

Musana
Back

Nzeve
Ear

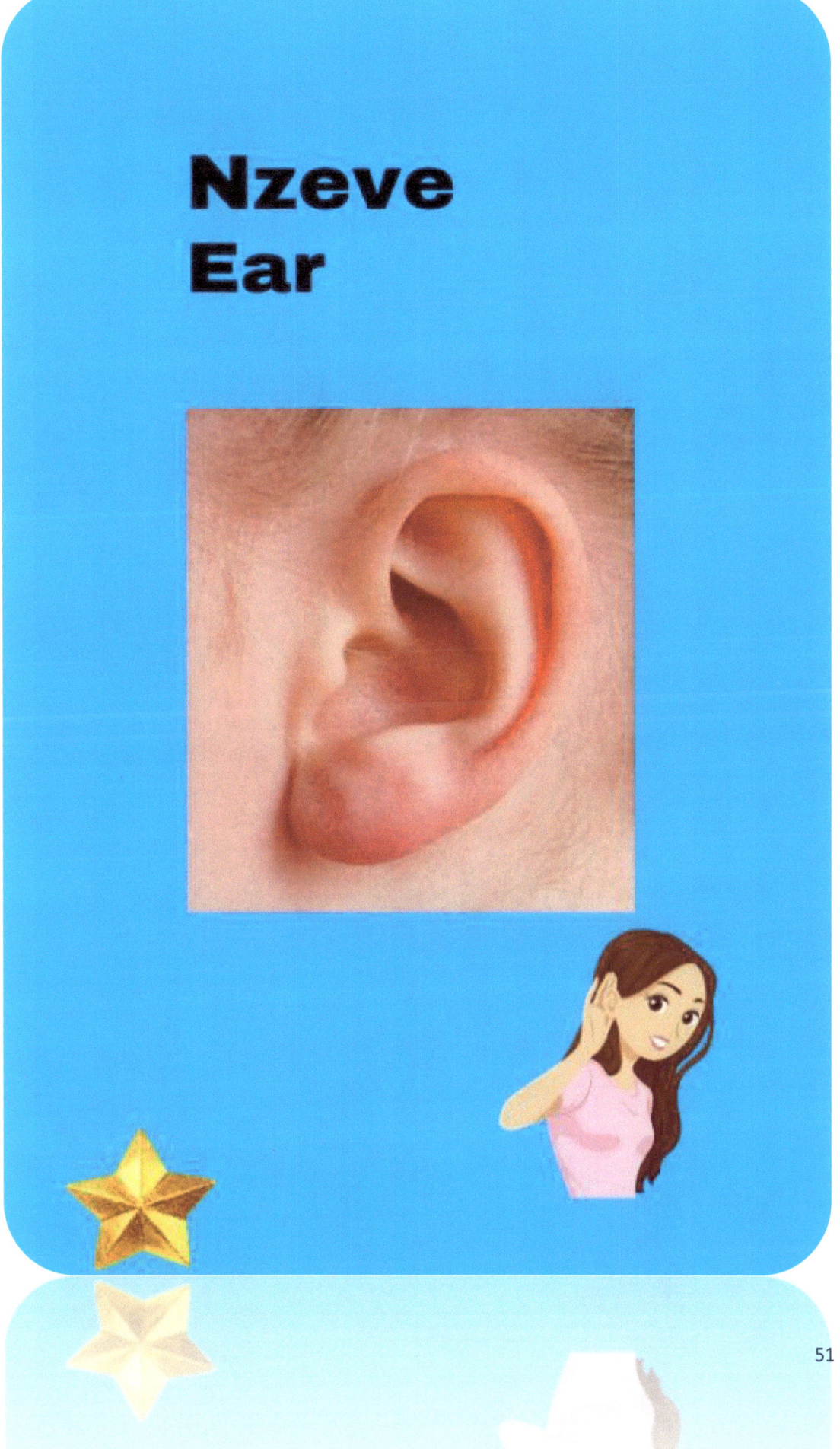

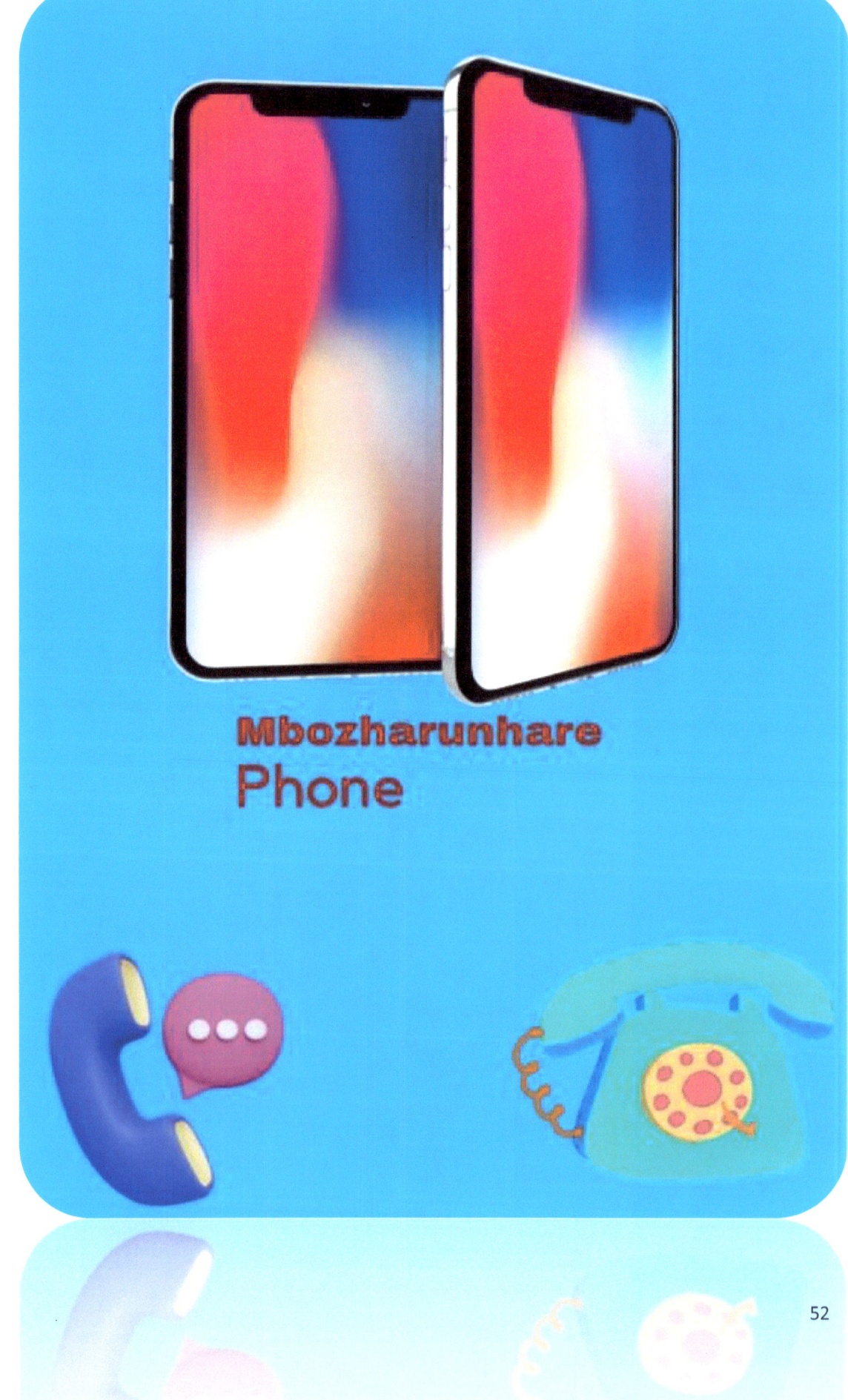

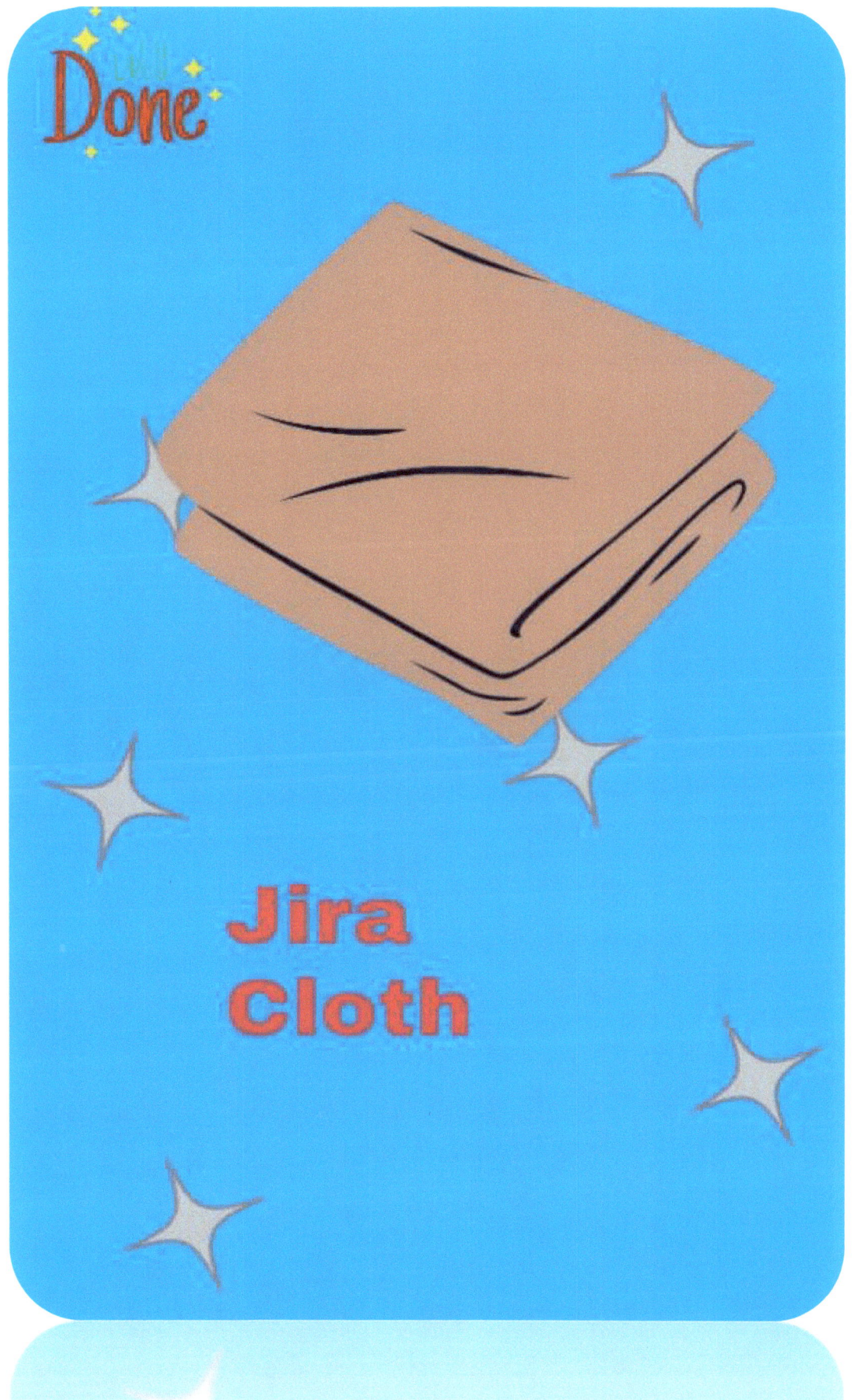

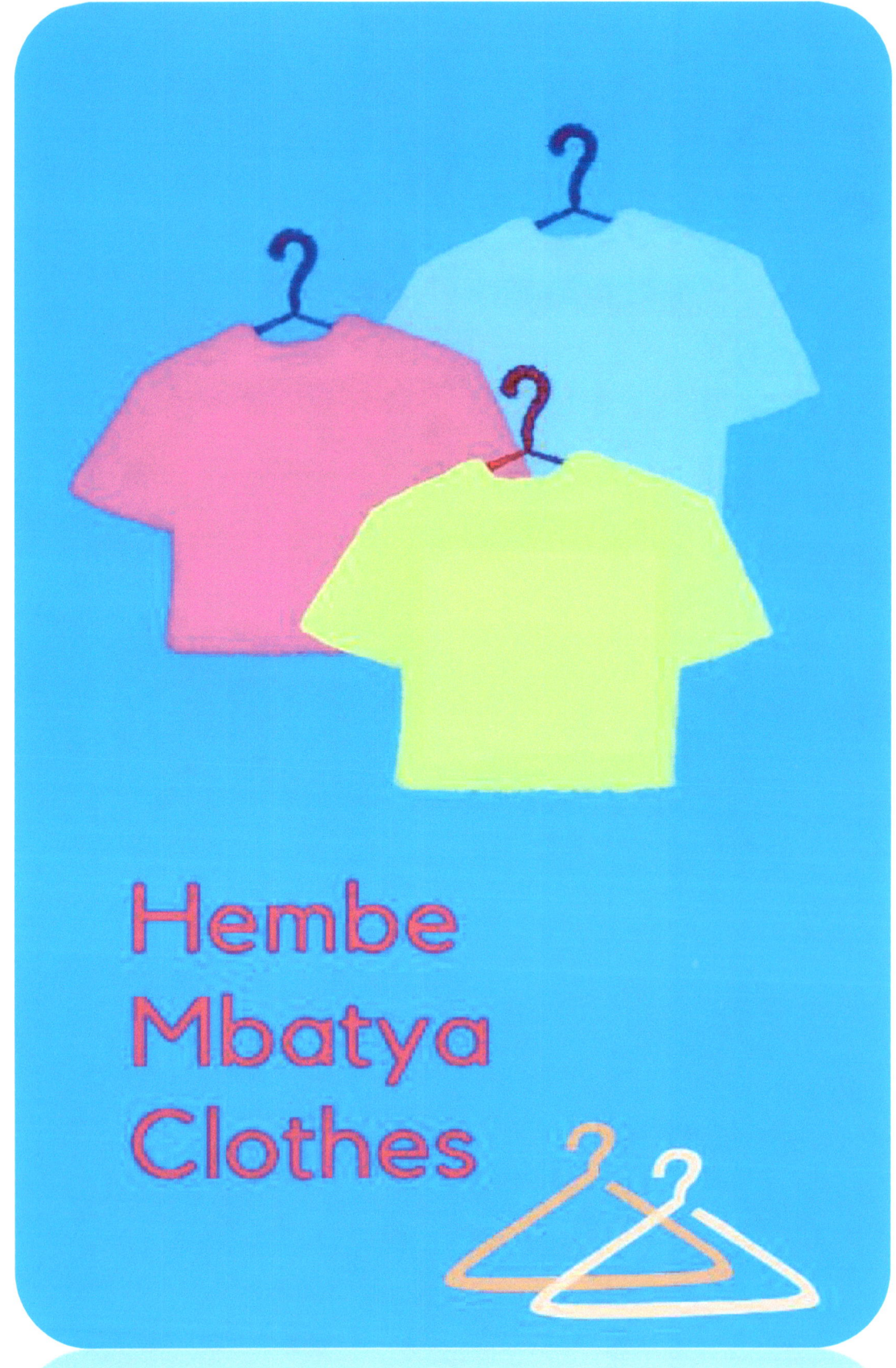

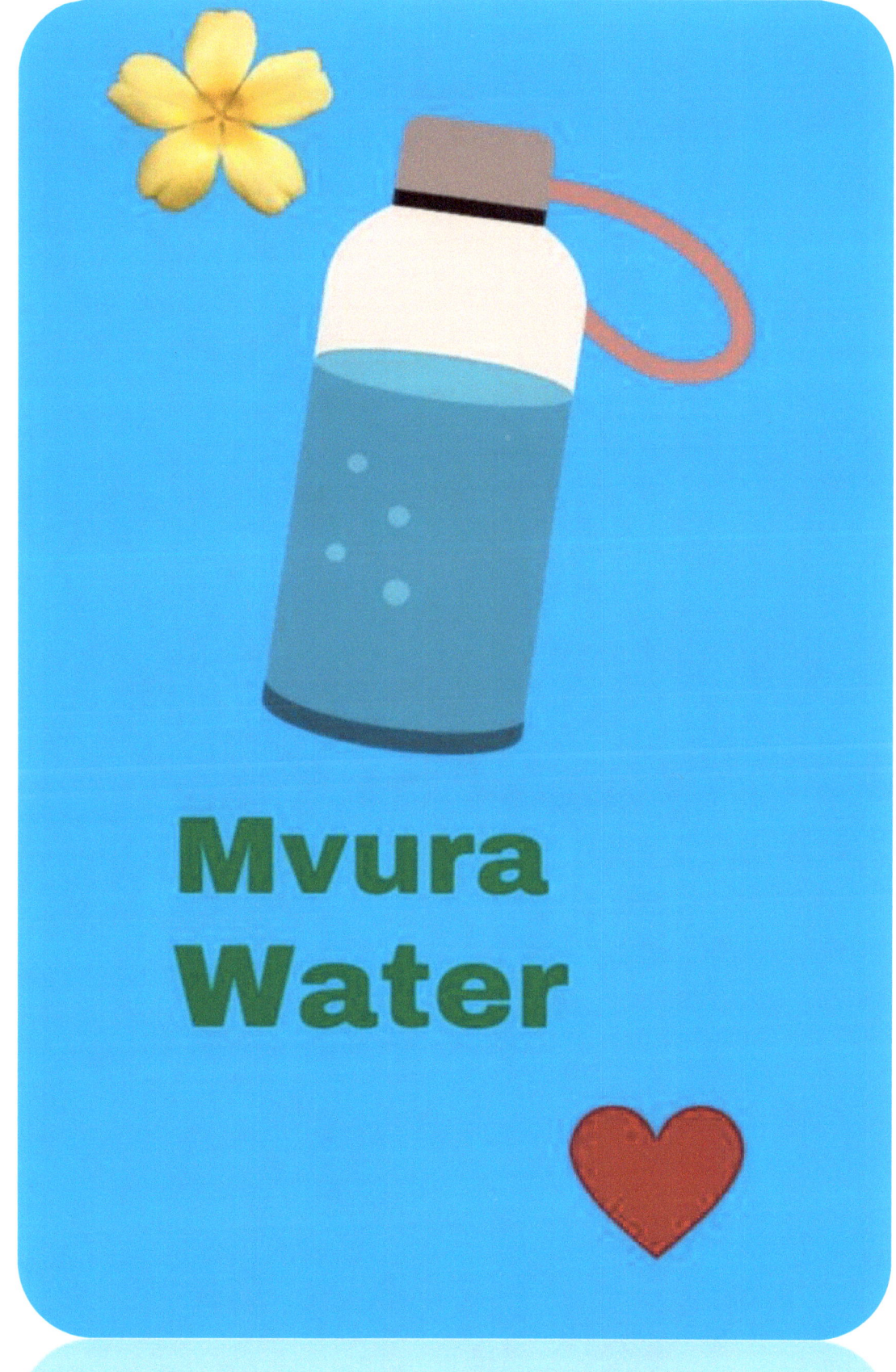

Chiroto/Dream
Rara/Sleep

Hove Fish

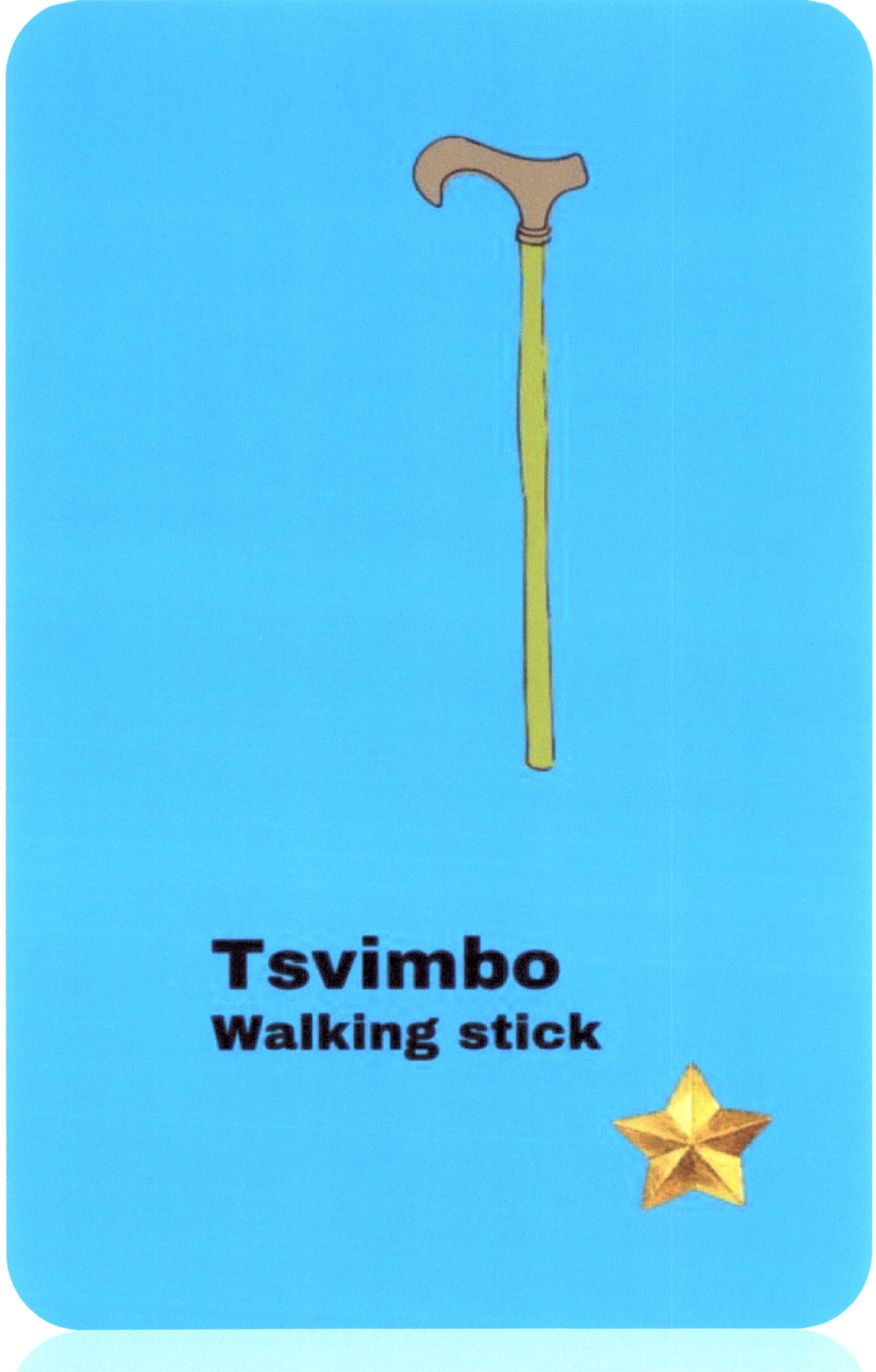

**Mbira
Thumb piano
Lamellophone**

Shangu
Shoes

Poto
Pot

Tswanda inemuriwo
Basket with vegetables

Huku
Hen

Chando
Snow

**Mhepo
Windy**

Chivanhu Culture

Amai nemwana
Mum and baby

**Ivhu
Soil**

Nyama yemombe
Beef

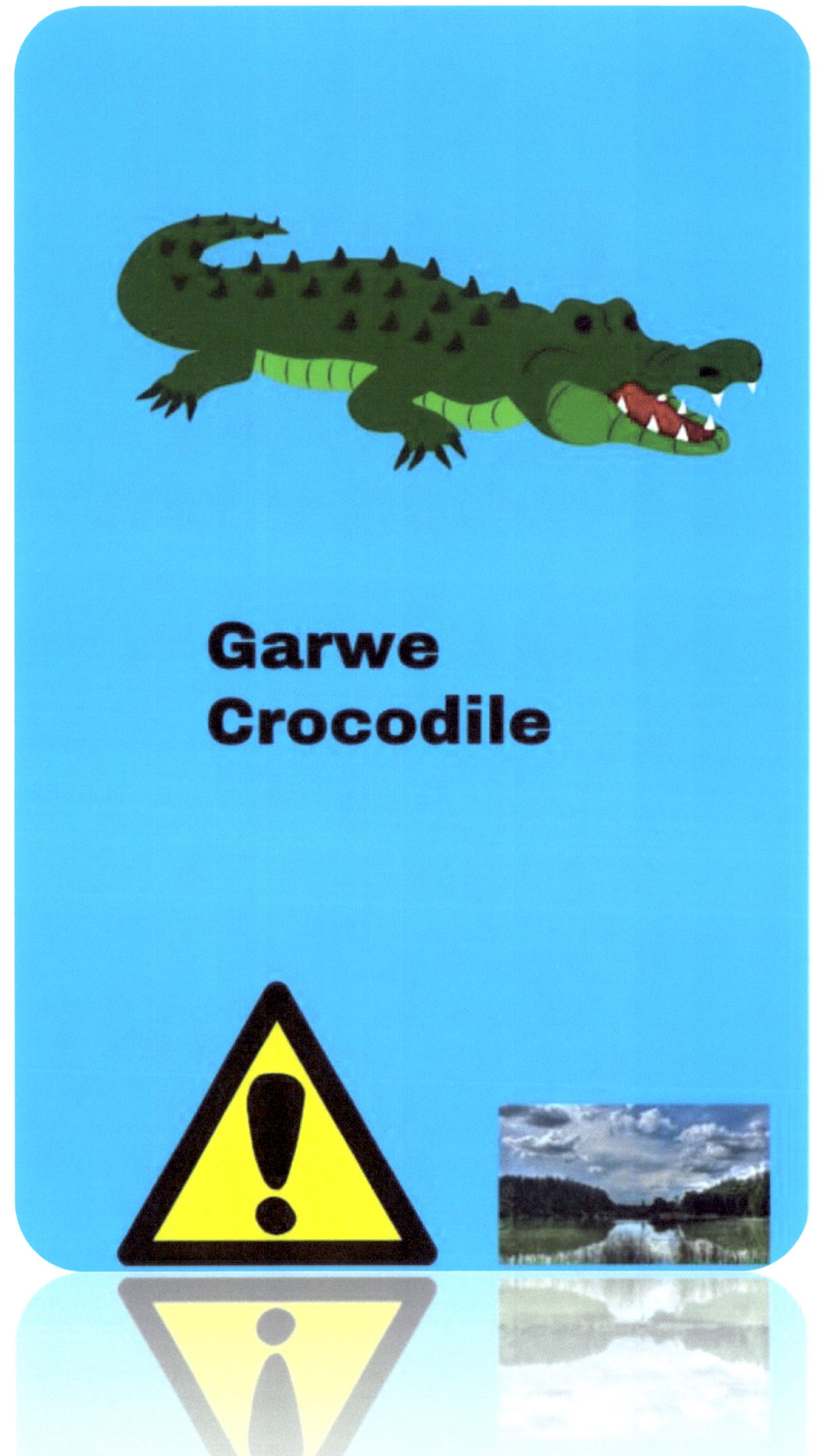

**Dhigidha
Swim**

Hupfu
Mealie meal

Nyora
Write

Tsvigiri Sugar

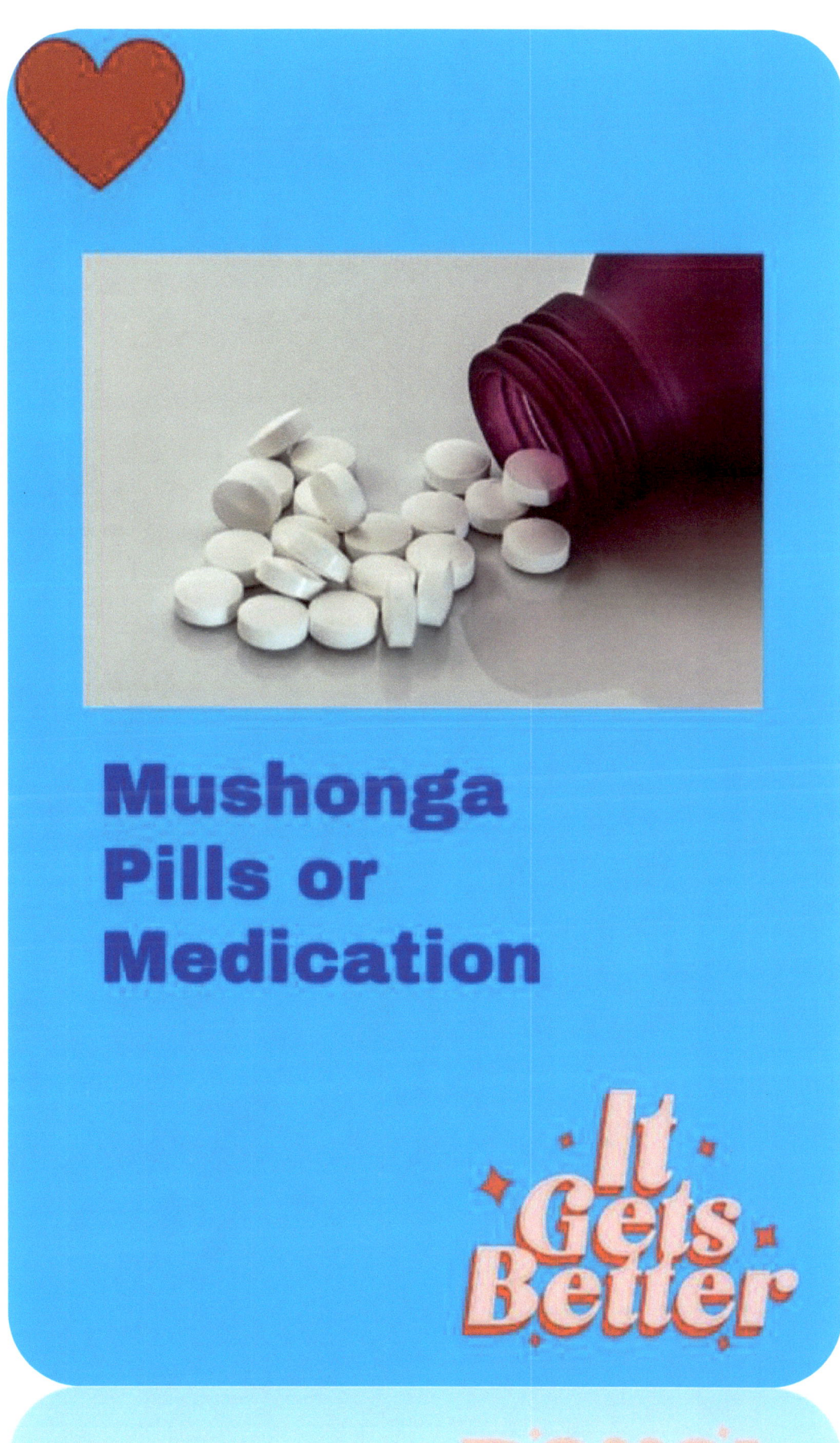

Mushonga Pills or Medication

Hwai
Sheep

Huni
Firehood

Dzimudzangare Radio

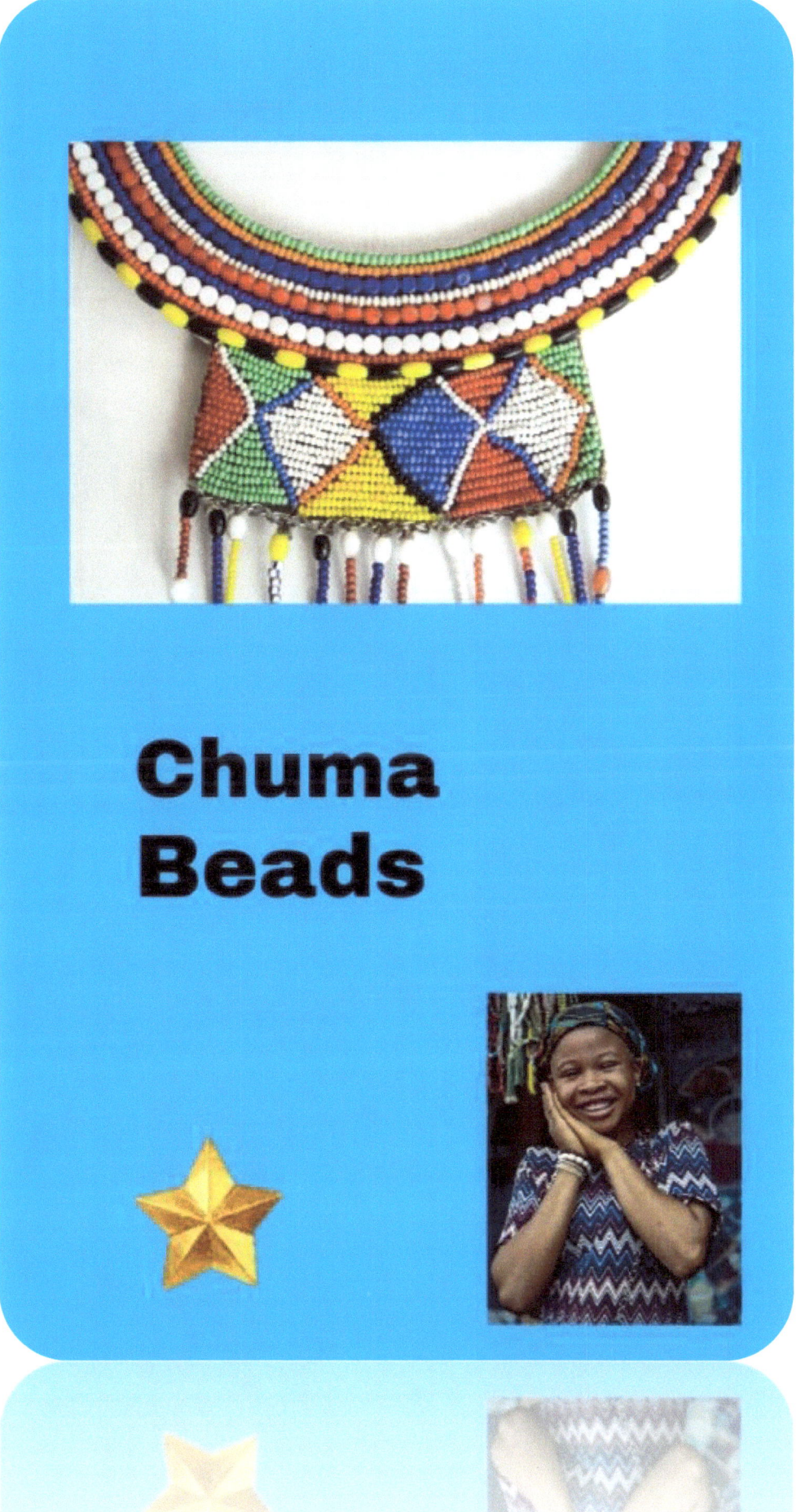

Chuma Beads

Mukadzi
Woman
Amai

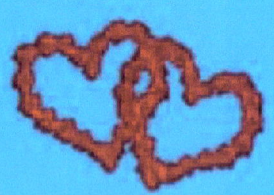

Tswanda inemuriwo
Basket with vegetables

Chikamu chechipiri
Shona vowels

A e i o u 💙

Ba be bi bo bu 💙

Sa se si so su 💙

Da de di do du 💙

Ma me mi mo mu 💙

Ga ge gi go gu 💙

Ta te ti to tu 💙

Nga nge ngi ngo ngu 💙

Mba mbe mbi mbo mbu 💙

Pa pe pi po pu 💙

Ra re ri ro ru 💙

Nda nde ndi ndo ndu 💙

Ngwa ngwe ngwi ngwo ngwu 💙

Nwa nws nwi nwo nwu 💙

Mva mve mvi mvo mvu 💙

Mbwa mbwa mbwe mbwo mbwu 💙

Nga nge ngi ngo ngu 💙

Mwa mwe mwi mwo mwo mwu 💙

Dza dze dzi dzo dzu 💙

Za ze zi zo zu 💙

N'a n'e n'i n'o n'u 💙

Cha che chi cho chu 💙

Da de di do du 💙

Ma me mi mo mu 💙

Ka ke ki ko ku 💙

Chikamu chechitatu
Mitsara yechishona

Mwana akanaka *(gorgeous baby)* *beautiful*

Mukomana anofara *(a happy boy)*

Musikana aenda kuchikoro *(The girl has gone to school)*

Amai vako vanobika zvakanaka *(Your mum is a good cook)*

Ndiani anoda tsvigiri (Who wants the sweet item) sugary 🙂

Chimuka uende kuchikoro (Wake up now to go to school) 🙂

Ndoda kugara kumba nasekuru (I want to stay at my ancle/granddad's house) 🙂

Ambuya vangu vanoda kuenda kunonamata

(My grandmother/nanny wants to go praying) 😊

Ngatichiendai *(Lets go)* 😊

Amai vangu vakadzidza *(My mum is educated)* 😊

Ndatenda zvangu *(I am thankful)* 😊

Baba vaenda kubasa *(My father has gone to work)* 😊

Pamba pavo pakanaka *(A beautiful home)* 😊

Imba yacho irikupi? *(The house is beautiful)* 😊

Ndanga ndichida kubika *hove (I wanted to cook the fish)* 😊

Ruva rakanaka (Beautiful flower)

Author: Chido Taruvinga

Chido Taruvinga is a Zimbabwean born Australian writer and author to this book Dzidza Shona (Learn Shona Words). Chido is an Educator who is curious and interested to learn many languages.

About the book

Dzidza Shona (Learn Shona Words) Bhuku iri rinokwanisa kushandiswa nemunhu wose zvake anoda kudzidza mutauro weShona neChirungu kubvira pavadiki kusvika kuvakuru. Bhuku iri rine mifananidzo yemhando yepamusoro kuitira kurerutsira vanoda kudzidza Shona neChirungu uyewo vaye vanodzidza nekudzidzisa zvakanaka kana vachinge vachiona mifananidzo. Mutauro weShishona unovandudzwa kuChirungu.

Dzidza Shona (Learn Shona Words) book is suitable for all age groups who want to learn English and Shona Language. This book is designed with colourful pictures to enhance learning and teaching. It is ideal for learning and teaching styles to construct knowledge especially for visual learners and beginners. Shona language is translated to English.

Ndatenda Thank you